AF202836

Josefine Müllers

Erinnerung an das Sein

und

Im Wandel der Jahreszeiten

Gedichte um Mensch und Natur

Josefine Müllers

Erinnerung an das Sein – Im Wandel der Jahreszeiten
Gedichte um Mensch und Natur

1. Auflage (August 2016)

Cover und Gestaltung: Josefine Müllers

Verlag: tredition GmbH, Hamburg

ISBN Paperback   978-3-7345-4891-8
ISBN Hardcover   978-3-7345-4892-5
ISBN e-book   978-3-7345-4893-2

Das Werk, einschließlich seiner Teile, ist urheberrechtlich ge-schützt. Jede Verwertung ist ohne Zustimmung des Verlages und des Autors unzulässig. Dies gilt insbesondere für die elek-tronische und sonstige Vervielfältigung, Übersetzung, Verbrei-tung und öffentliche Zugänglichmachung.

Copyright: Josefine Müllers 2013. Alle Rechte vorbehalten.

Die deutsche Nationalbibliothek verzeichnet diese Publikation in der Deutschen Nationalbibliographie. Detaillierte bibliogra-fische Daten sind im Internet abrufbar unter: http://dnb.d-nb.de

Vorwort der Autorin

Die nachfolgenden Gedichte über das Wesen der Natur und der Liebe möchten in Zeiten großer Umweltsünden den Blick des Lesers auf die Schönheit und Göttlichkeit der Schöpfung lenken. Sie möchten erinnern an das wahre Sein, das mit den Augen der Seele geschaut und mit einem offenen, liebenden Herzen erkannt werden kann. Jedes Ding, jedes Phänomen innerhalb der Natur ist in seiner ihm eigenen Erscheinungsweise (ge)heilig(t). Die unscheinbare Feldblume verdankt ihr Dasein ebenso der Mutter Erde, dem Licht und den Elementen, die sie nähren, wie der große Lebensbaum, der sich stolz in den blauen Äther erhebt. Alles atmet den Geist des Schöpfers.

Die Aufgabe des Menschen besteht nicht darin, sich die Erde, sich die Natur untertan zu machen, sondern sorgsamen Umgang mit ihr zu pflegen und sie in allen ihren Erscheinungen zu achten. Lange war und ist des Menschen Sinn verblendet von seiner unermesslichen Gier nach den offenbaren und verborgenen Schätzen der Erde, die Profit und Reichtum verheißen. Diese Gier, dieses Bestreben, immer mehr und mehr in seinen Besitz zu bringen, zerstört den Lebensraum vieler Geschöpfe und bringt schließlich Unglück über den Menschen selbst. Was wir der Natur antun, tun wir auch uns selbst an, denn wir sind Teil der Natur. Es ist höchste Zeit umzudenken, bewusster zu werden und wieder genauer hinzuschauen, indem wir die Aufmerksamkeit vom Haben wieder auf das Sein lenken, indem wir das Göttliche, die Seele, in jedem Wesen neu entdecken.

Ein erweitertes Bewusstsein setzt voraus, Achtsamkeit und bergende Obhut zu entwickeln und die Liebe und Hochachtung, die wir uns selbst entgegenbringen, auf alle anderen und alles andere auszudehnen. Eine tief greifende Veränderung lässt sich nicht über quantitatives Denken, sondern nur über einen qualitativen Wandel erreichen. Kopf und Herz, Liebe und Leben dürfen sich nicht mehr als feindliche Brüder gegenüberstehen, sondern, um ganzheitlich zu erkennen, muss das Herzbewusstsein einen neuen Stellenwert erlangen. Erst so wird es uns vielleicht gelingen, die vielen Daseinsweisen der Schöpfung besser zu verstehen und die Geschenke, welche Mutter Erde und der Geist der Himmlischen uns in ihrer unendlichen Liebe und Güte darbringen, dankend und preisend zu empfangen.

Josefine Müllers

Inhalt

Im Wandel der Jahreszeiten
(4 x 7 Haikus)

I. Ein Gleichnis bist du

Der Samen auf dem Felde

Mensch, ein Gleichnis bist du!
Ein Gleichnis,
mit welchem der Gott das Leben auslegt.

Fällt seine Liebe auf dürren Grund,
wächst du verschlossenen Mundes nach innen.

Fällt seine Liebe unter die Dornen,
erstickt dein Licht in Reichtum und Sorgen der Welt.

Fällst seine Liebe auf felsigen Boden,
schlägt dein Herz nicht Wurzeln.

Fällt sie aber auf gutes, bereitetes Land,
bringt dein Samen Frucht der unendlichen Liebe.

Heimsuchung der Silberpappel

O Lied des Schweigens,
Von jenseits des Flusses
Kamst du,
Stiegst hinab
In grünes Baumverlangen,
Tief in das Herz
Der zitternden Silberpappel
Grubst du den Namen,
Den Namen
Aus singender Mitternacht

Er allein muss mich halten
Die Bebende, Zagende,
Er allein,
Wenn der raue Nord
In schrillen Tönen
Trennung pfeift
Oder sanft mich streift
Zephirs blaues Wind-
Vergessen.

O Gib…

Gib weiße Sommerliebe, oh Morgen,

Nimm in den Traum die nachtblaue Schuld

Und wasch unser Herz

Im verjüngenden Gold deines Mundes!

Zeit der Lilien

Wenn einmal sie noch auf die Erde kämen
Zur Zeit der Lilien,
Die großen Liebenden,
Zu schweigen gäbe es viel.

Die Seele zu lauschen bereitet
Die neue Stille,
Vernähmst du den Atem der Blumen,
Das klopfende Herz des Morgens.

Zu schweigen gäbe es viel
Zur Zeit der Lilien.

Du verstündest die Sprache des Windes,
Das lachende Aug' des Kindes,
Der Schwalben Lichtgesang wüsstest du zu deuten,
Der Rose Duft dringt dir ins Herz.

Wenn wieder sie auf die Erde kommen,
Die großen Liebenden,
Zeit der Lilien ist's.

II. Lehre uns hören das Lied der Natur!

Pans Erwachen

Tröste, oh Pan,
Du göttlicher Geist des Lebens!
Heile die Wunden der Mutter Erde!
In tiefem Schmerz, in ängstlicher Sorge
Vergeht das Herz der Allliebenden.

Furchtbar ihr Klagen
Über der Menschen verblendeten Sinn.
Wüsten der Verzweiflung
Breiten sich aus,
Fluten des Vergessens
Umspülen die Ufer.

Versöhne der Mutter Herz,
Feinohriger Pan.
Lehre uns hören
Das Lied der Natur,
Lehre uns tanzen
Zu deiner Flöte lieblichen Klang,
Zur heiligen Feier des Lebens
Rühmend den Kreis zu beschließen
Im ewigen Rhythmus des Lichts!

Der missverstandene Auftrag

Und Gott sprach:
Als Herrscher seiest du
Über die Erde gesetzt
Und alle Tiere
Und alle Pflanzen!
Einem jeden nach seiner Art
Gib den ihm eigenen Namen!

Doch Adam aß von der Frucht,
Vergaß sich
Und die göttlichen Namen:
Er jagte das Tier,
Benutzte die Pflanze,
Höhlte den Berg aus
Und staute die Wasser.
Und allem gab er
Seinen Namen:
Adam – „aus Erde gemacht".

Die Tat

Die Nacht hüllt ihr Trauerkleid
Über die Scham der Erde,
Dem Gott zu verbergen erlittene Schmach:

    Der Bauch zerrissen
    Durch des Menschen Tat,
    Verwüstet das Land,
    Vergiftet der Fluss.

Engel, tränenblind, stillen die große Wunde,
Den Nabel der Erde,
Ertränkt im Blut.

Immer dieselbe Antwort?

„Wo bist du Kain?" hallt's durch die Finsternis.
Eilends geht Kain seinen Weg und schaut nicht auf.
Der Tag fordert Brot. Das Andere ist schon vergessen.
Das Haus gut verschlossen. Verriegelt Tore und Fenster
dem Fremden.

„Wo bist du Kain?" Verärgert schaut er auf.
„Was willst du von mir? Ich kenne dich nicht".
Die Uhr schlägt schon elf. Und wieder ist es vergessen.
Und Kain hastet weiter, den alten Weg.

Da plötzlich durchfährt ihn ein zorniger Blitz.
„Was tust du deinem Bruder, o Kain?"
Ein weinendes Kind, des Name ist Abel
Erscheint seinem Geist mit flehender Hand.

Doch ehe sein Herz sich erinnert,
Verfinstert sich schon die trotzige Stirn
Und unwillig murrend spricht Kain:
„Bin ich der Hüter meines Bruders?"

III. Die Fremden der Liebe

Der Baum

Tief verwurzelt
Im Schoß der Erde
Aufragend
In Himmels Klarheit
Verbindest du
Welten und Reiche
Ist dein Wachsen
Beharrliches sich-Erheben
Zu IHM

Oh Lebensbaum!
Freund der Elemente
Ist leichter als Wasser
Dein starker Leib
Der sich schenkt
Zum Bau
Der schwankenden Arche
Zur Errichtung
Des neuen Tempels
Zur Speise
Dem wärmenden Feuer

Selbst dich verzehrend
Bleibst du
Die Ehre des Himmels

Der Berg

Berufen einst, die Feste des Himmels zu tragen,
Ragtest du, Stolz der Erde, in unermessliche Höhn.
Doch der Mensch, geblendet vom Schein des Mammons,
Glaubt' sich in Plutos Reich und vermaß sich an dir.

Begierig nach Silber und Gold und immer mehr Schätzen,
Zerwühlt' er die Adern dir, zerriss deine Eingeweide.
In zorniger Verzweiflung schoss dein feuriges Blut
Bis an die Grenzen des göttlichen Himmels.
Doch er ließ dennoch nicht ab, dich zu bedrängen,
Missachtend der Erde tiefstes Geheimnis.

    So traure denn Himmel und senk
    Das Gewicht deiner Schwermut
       Auf unser Herz!

Eichbaum und Efeupflanze

Oh trennt nicht mit scharfer Klinge
Der Liebsten Umschlingung von meinem Leib,
Ihr Fremden der Liebe!
Schnittet ihr nicht der Liebenden Namen
Einst tief in die Rinde mir ein?
Und glaubt nun starr dies Herz, erkaltet mein Blut!
Des Einsamen Los soll ich tragen.
Ist euch Gebot nicht mehr der Treuen Geschick,
Zu einem Leben, zu einem Grabe vereinigt?

Unzählige Jahre umfasst die Zärtliche meinen Busen,
Senkte die Wurzeln tief ins Leben mir ein.
Sommers atmet die Brust ihre schattige Kühle,
Winters schützt sie mein Haus vor strengem Frost.
Schüttelt der Sturm mein schütteres Haupt,
Trösten bitteres Leid ihre sanften Blätterarme.
Lasst die Geliebte nicht sterben!
Ohne mich ist ihr Leben verwirkt,
Schutzlos und heimatlos schwankt sie im Winde.

Gedenkt unsrer bergenden Lieb' und der Wonne des Früh-
lings!
Mit seinem Lichte kommen die fröhlichen Boten des
Äthers,
Die häusliche Schwalbe, die immer lobende Lerche
Halten Hochzeit in unserem luftigen Hause.
Trennt nicht, Entwöhnte der Liebe,
Was Zeichen des Ewigen und des Lebens.

Klagelied über den Tod der sieben Dryaden

Wehe, gefällt die Pappeln in meinem Garten
      Die dem Gotte dienten
      Die den Äther umwarben
Wehe, die liebenden Geister des Gartens erstarben!

Verfinstert starren die silbernen Sterne.
Die Vögel schweigsam mit Flügeln aus Blei.
Schmerzbewegt Luna im Trauerkleid.
Gefällt die Pappeln in meinem Garten, oh tiefes Leid!

Wie sangen sie einst im Sommerwind,
Streckten froh ihre Arme der Sonne entgegen,
Erfüllten das Herz mit glühender Liebe.
Wehe! Verwirkt ihr Leben mit einem Hiebe!

(deutsche Version)

Canción triste a la muerte de las siete driadas

!Ay, han cortado los alamos de mí patio!
   que a Dios amaban
   que al cielo abrazaban
!Ay, han cortado los alamos de mé patio!

Obscuras están las estrellas de plata.
Silenciosos los pájaros de plomo.
Penosa la luna blanca de triste cantar.
!Ay, han cortado los alamos de mi patio!

Como rezaban cuando el viento del sur les caricía.
Como alzaban sus brazos fuertes al sol que ardía.
Como alegraban mi corazón de amor.
!Ay, han cortado los alamos, que dolor!

(spanische Version)

IV. Bis du dich endlich bereitest zu zeugen!

Die Freude der Erde

Die muntere Quelle
 empfängt es aus unergründlicher Tiefe
 und trägt's mit sich fort
  streichelt den einsamen Felsen dort
   erfüllt im Vorüber die Linde mit ihrem Rauschen
   erquickt das dürstende Veilchen hier
   und spiegelt entzückt die heitere Sonne
    der Dinge Seele in bergkristallener Klarheit.

      Ihr sprudelndes Leben,
     oh lieblichster Trost
     der alten Erde
     es darf nicht
    verebben
    in den Dürren
   der Zeit!

Der Mund des Lebens

Ihr Herz entbrannte
Scheu erstaunend
Als sie sich beugten
Über des Brunnens Rand.

Aus spiegelnder Tiefe
Leuchtete des Geliebten Seele hervor.
Und sie erkannten einander
Voll Entzücken!
Und wie es an ihnen geschah
Wie einst an Jakob und Rahel.

Der tiefe Brunnen aber
Bewahrt das Geheimnis,
Das Lieben allein
Ist Gefäß seinem Sich-Ergießen.

Der Fisch

Du, Zeichen einst
Des göttlichen Bejahers,
Des allliebenden Sanften, dem Speise
Du wurdest für die Zehntausend
Hörenden, Wartenden.

Fülltest du nicht die Netze der Gottessucher,
Stärktest ihr Herz und erquicktest den Mund?
Wo ist deine Wohnstatt nun,
Oh Fisch des Lebens?

Die säuselnden Silberquellen verstummten,
Das sprudelnde Bächlein vergaß deinen Namen.
Der Rhein, der Vater der Ströme,
Gesang sonst aus fürstlichem Munde,
Lebt, tief gebückt in sich selbst, argwöhnend Schweigen.

Wie den Jonas, oh Mensch,
Speit dich der Wal aus,
Bis du dich endlich bereitest
Zu zeugen!

Reich der Seele

Wo geht denn die Liebe vor Anker,
Wenn uns das Meer nicht mehr ist?

In die Weite nimmt das Unendliche,
Lässt erschauen der Schönheit Tiefe,
Den lächelnden Himmel im spiegelnden Blau.

Wo geht denn die Liebe vor Anker,
Wenn uns das Meer nicht mehr ist?

Des Lebens Schiff
Steht vergessen und einsam,
Gestrandet an sandigem Ufer.

V. Schönstes Gefäß des Morgentaues

Rot

Sahst du das glühende Herz der Rose?

Du schautest das Innere der Welt!

Schmetterlingsraub

Immer auf süßen Raub aus
trunken von himmlischem Nektar
umschwärmt der leichte Liebesdieb
freudig Blume um Blume
die Flügel aus schillerndem Licht
der Sonne entgegengebreitet.

Wehe! Gefahr droht seinem sorglosen Lieben.
Aus Menschen Unverstand
kann selbst die liebliche Rose
schönstes Gefäß des Morgentaues
zum bitteren Todeskelch werden.

Der Apfel

Es glänzte der Apfel als goldene Frucht und Heil
Am schönsten Baum in Adams Garten.
Der Schlange gespaltene Zunge und Ur-teil
Erst Un-heil und Todeshauch entfachten.

Liebe und Leben kehrten sich den Rücken,
Feindliche Brüder auf getrennten Wegen.
Vorbei war es mit himmlischem Entzücken,
Für immer verspielt schien Gottes Segen.

Willst du die Trennung, den Tod überwinden,
Musst du das Leben neu erfinden:
Wenn Erkennen und Lieben sich paaren,
Wirst du die Erde als Paradies erfahren.

Bienen

Ihr geflügelten Worte!
Fleißige Schwärmerinnen
Aus spendendem Munde.

Küsse des Ewigen
- O honigsüße Gabe der Muse –
Führt ihr den Dichter
Auf Sonnenbahnen
Der wahren Heimat zu.

VI. Dich verkennet der Mensch

Die Blume des Feldes

Salomos Weisheit lebt in dir
O Anmut des Feldes!
Wenn du in zarter Schöne
Den Kopf senkst,
Deines Kleides, des blauen Gewandes
Nicht achtend,
Geduldig trägst die Hitze des Mittags,
Den Mutwill der Menschen,
Und zärtlich verströmst
Den lieblichsten Duft
Dem Vater zur Freude.

Franziskus, der neue Narr

Er predigte liebend einstmals den Schwalben:
„Ihr säet nicht, ihr erntet nicht,
Und doch genießt ihr der Speise.
Euer ist das lichte Himmelszelt
Über Meeres Weite trägt euch der Äther in eine andere
Welt.
Wenn euch dürstet, tränkt euch der muntere Quellbach,
Und Schutz gewährt euch der höchsten Wipfel Dach."
Voll Ehrfurcht lauschten die sonst geschwätzigen Schwes-
tern
Und hielten sich stille bis er geendigt die Worte.

Dann flogen sie auf. Zum Zeichen ihres Verstehens:
Gen Sonnenaufgang die eine Schar, die andre zum Schei-
deorte,
Gen Mittag die dritte, gen Mitternacht nun die vierte,
Und trugen den Segen, ihr heiterstes Lied, dem Lichte
entgegen
So über die ganze Erde.

Die braune Hirschkuh

Auf verborgener Lichtung weidet die schlanke Hirschkuh,
Die scheue Tochter des Waldes,
Zart ihre Kinder liebkosend mit samtener Zunge.
Ihr sanftes Auge spricht Frieden der Stille,
Doch unruhig erzittern die schlanken Läufe,
Zu plötzlicher Flucht in langen Sprüngen bereit.
Das feine Ohr erkennt sich nur im Singen des Waldes
Und beim zärtlichen Ruf des Hirschen.
Deiner Fährte möge der Liebende folgen,
O Sulamiths Schwester, du Sanfte,
Und nicht die rohe Jagd und der dich streckende Tod!

Die Eselin
oder
Der Weg

Reihest dich ein,
als letztes aller Tiere
in den Reigen des Liedes.
Scham hielt dich lange zurück,
da dir der Name „Esel"
zu Spott und Hohn gereichte.
Trägst ihn als Bürde
wie du geduldig trugst
die Lasten der Menschen
auf steinigen Pfaden
durch unwegsam Dickicht.

Dich verkennet der Mensch!
Früher als er lerntest die Demut du,
als, auf beschwerlicher Flucht nach Ägypten,
sie deinem Rücken süße Last geworden
und die Knie dir beugte vor dem Heiligen.

VII. Wandle Wasser zu Wein!

„Mensch werde wesentlich!"
(Angelus Silesius)

Wasser zu Wein

Liebe, liebe, Oh Seele,
Wandle Wasser zu Wein!

Zu goldenem Lichte gegoren
Entströmet der Most
- Reife Frucht der Erde -
Der Kelter des Herzens.

Die Himmelsbrücke

Als der Himmel,
entzückt ob der Einfalt
und lieblichen Schönheit
des göttlichen Kindes
der Welt seine Freude beschrieb
erschien am dunklen Firmament
wie ein strahlender Blick
aus dem Auge des Alls
ein zarter Bogen
in leuchtenden Farben:
Brücke aus Licht ins Unendliche.

Kindern und Liebenden Weg ins Glück
Und ein Zeichen der Hoffnung den Völkern!

Raumgesetzlichkeiten

Immer spiegelt des Menschen Seele,
Wo er ins Ewige schreitet,
Den himmlischen Reigen der Sterne
Und den Licht durchfluteten Raum.

Weisheit

Ist erst das Herze rein,
Ganz Gottes Lautenspiel,
So braucht es meinen Mund
Nach seinem eigenen Will'.

Im Wandel der Jahreszeiten
(Haikus)

I. Frühling

Primeln leuchten gelb,
schließen mutig Himmel auf -
Zeit des Erwachens!

Blütenregen fällt.
Kirschenroter Mädchenmund.
Blaue Liebe lockt.

Erde wandelt weiß,
bräutlich kleidet Frühlingswind,
zarter Himmelskuss.

Frühlingsbläue äugt
spähend Schwalbennester aus:
Junger Vogel, flieg!

Mandelblütenduft
schwängert kosend luftige Höhn.
Steig auf, lerchengleich!

Sonne treibt hervor,
was keimt im Herzensgrund -
Rosenknospensein.

Worte bienenleicht
fliegen Bahnen sonnenwärts
hoch ins Ätherblau.

II. Sommer

Sommertag erwacht.
Golden atmet der Morgen,
Tau im Rosenmund.

Veilchen, Herzblatt, Mohn,
Frauenschuh und blauer Stern
winken in die Fern.

Quelle stürzt hervor!
Goldene Sonnenfunken
Springen ins Tal hinab.

Libellenflügel.
Lila sirrt die Luft über
dem alten Weiher.

Mittagsstill schläft Pan.
Brunnen, Spiegel der Nymphen,
rauscht sein Geheimnis.

Rosenblütenpracht -
Duft, schwer, hängt über dem Beet,
berauscht die Sinne.

Sonnenscheideblick -
Amsel singt im Verstummen.
Blau steigt die Nacht herauf.

III. Herbst

Beeren schwarz und voll
hängen reich am Büschelzweig.
Ernte ist noch heut.

Trauben süß und schwer,
- das Jahr geht in die Kelter ein -,
Auf schäumt der junge Wein.

Stare ziehn südwärts.
Raureif glänzt an den Gräsern,
spiegelt fahle Sonne.

Nebel hängen schwer
über kahlem Stoppelfeld.
Feuer verglimmen.

Laub, blutrot und gelb
wirbelnd vom Herbststurm gepeitscht
sinkt es zu Boden.

Schifflein steuert fluss-
abwärts, stromgetrieben
wie ein Holz zum Meer.

Sonne verglühend
im Blattwerk roter Buchen -
Losung des Abends.

IV. Winter

Frost deckt Dächer weiß.
Säfte drängen zurück, tief
ins Herz der Erde.

Unbewegt der See!
Starr umklammert vom Eisgriff
ragt das Schilf empor.

Zapfen aus Eis der Bach,
Tränen der Erde, erstarrt
im Krachen der Luft.

Kalt leuchtet der Mond,
Sterne klirren am Himmel,
Wind pfeift ein Nachtlied.

Schnee umhüllt die Welt,
weiche Decke, zartgeflockt
dämpft alles Laute.

Schneemann wacht am Weg,
schaut mit Kohlenaugen schwarz
ins Weiße der Welt.

Erster Sonnenstrahl -
Starrer Eigensinn bricht auf,
schmilzt dahin im Licht.

Autorenportrait Dr. Josefine Müllers

Literaturwissenschaftlerin -
Frei schaffende Autorin -
Spirituelle Lehrerin -

wohnhaft in Überlingen
am Bodensee

Die Autorin ist 1948 am Niederrhein geboren. Sie machte zunächst eine Übersetzerausbildung mit Tätigkeiten im In- und Ausland. Dann absolvierte sie ein Studium als Germanistin und Romanistin. Sie studierte Deutsch, Französisch, Spanisch, Philosophie und Pädagogik mit den Abschlüssen I. und II. Staatsexamen und Promotion in Neuerer Deutscher Literatur.

Sie arbeitete als Dozentin für Literatur in der Universität und in der Erwachsenenbildung, als Deutsch- und Französischlehrerin in der Schule, als Seminarleiterin und Beraterin in spiritueller Psychologie und Symbolwissenschaft. Heute lebt sie als frei schaffende Autorin und spirituelle Lehrerin in Überlingen am Bodensee und hält Lesungen, Vorträge und Seminare.

Veröffentlichungen:

Bücher:

Liebe, Erkenntnis und Dichtung. Ganzheitliches Welterfassen bei Goethe und Hölderlin", Frankfurt a. M. 1992

Die Ehre der Himmlischen. Hölderlins ,Patmos'-Hymne und die Sprachwerdung des Göttlichen", Frankfurt a. M. 1997

Liebe und Erlösung im Werk Johann Wolfgang von Goethes", Frankfurt a. M. 2008

Die Poesie des Himmels. Eine literarische Reise durch die Welt der Engel. Große Engelgedicht-Anthologie, Hrsg. und Mitautorin, Freiburg 2008

Dazu auch Hörbuch gleichen Titels, Freiburg 2008 und Neuausgabe „Wie Engel auf Erden", Freiburg 2013

Amor und Psyche. Das Mysterium von Herz und Seele, Frankfurt a. M. 2011

Geheimnis und Verwandlung. Märchen und Initiationsgeschichten", Berlin 2013

Aufsätze: zu Goethe, zu Hölderlin, zum Märchen, zu Traum und Selbsterkenntnis und der Symbolsprache des Selbst, zur Rolle der Engel in der Literatur und in der bildenden Kunst und zur Bewusstwerdung des Göttlichen im Menschen.

außerdem: Parabeln, Kurzprosa, Lyrik und Übersetzungen in Anthologien und literarischen Zeitschriften

MIX

Papier | Fördert
gute Waldnutzung

FSC® C083411

Zeitfracht Medien GmbH
Ferdinand-Jühlke-Straße 7
99095 Erfurt, Deutschland
produktsicherheit@kolibri360.de